Impressum
Verlag: BABADADA GmbH, Nedderfeld 112 , 22529 Hamburg
Geschäftsführer / Verlagsleitung: Harald Hof
Druck: Books on Demand GmbH, In de Tarpen 42, 22848 Norderstedt

Imprint
Publisher: BABADADA GmbH, Nedderfeld 112 , 22529 Hamburg, Germany
Managing Director / Publishing direction: Harald Hof
Print: Books on Demand GmbH, In de Tarpen 42, 22848 Norderstedt

school
училище

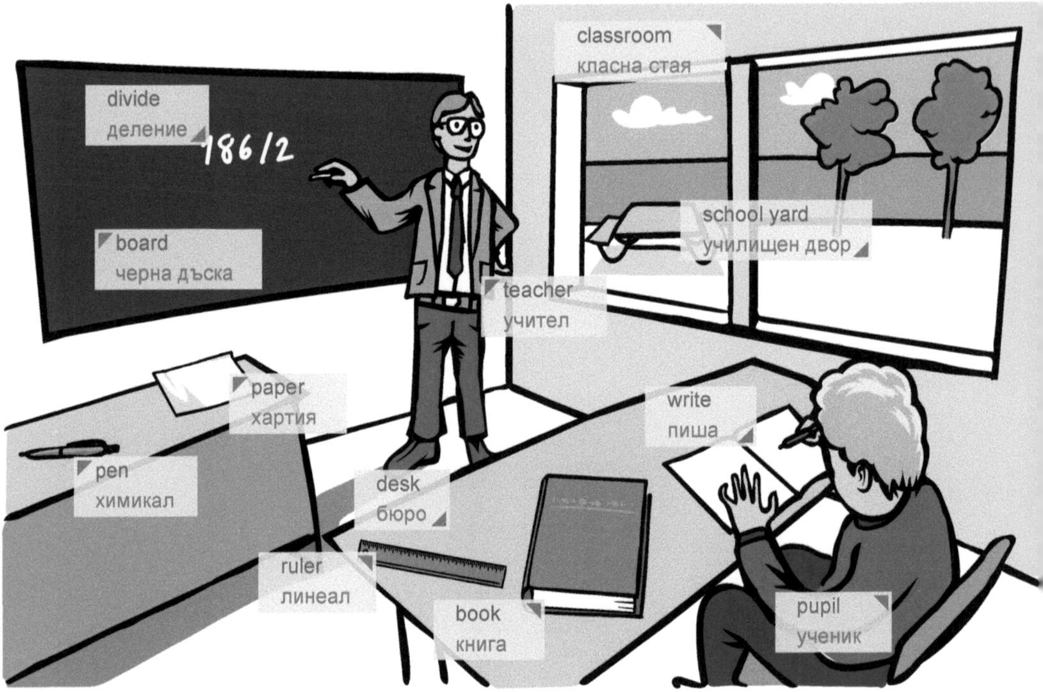
classroom
класна стая
divide
деление
186/2
board
черна дъска
teacher
учител
school yard
училищен двор
paper
хартия
write
пиша
pen
химикал
desk
бюро
ruler
линеал
book
книга
pupil
ученик

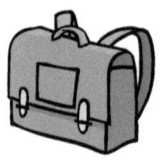

satchel
ученическа раница

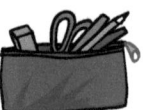

pencil case
ученически несесер

pencil
молив

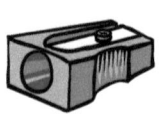

pencil sharpener
острилка за моливи

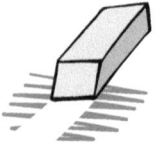

rubber
гума

drawing pad
блок за рисуване

drawing

рисунка

paintbrush

четка

paint box

акварелни бои

scissors

ножица

glue

лепило

exercise book

тетрадка за упражнения

homework

домашна работа

number

число

add

събиране

subtract

изваждане

multiply

умножение

calculate

смятане

letter

буква

alphabet

азбука

word

дума

text

текст

read

чета

chalk

тебешир

lesson

час

register

дневник на класа

exam

изпит

certificate

свидетелство

school uniform

ученическа униформа

education

образование

encyclopedia

справочник

university

университет

microscope

микроскоп

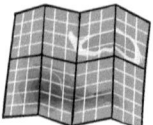

map

карта

waste-paper basket

кошче за хартиени
отпадъци

travel

пътуване

hotel
хотел
Grand
hostel
хостел
ROOMS
bureau de change
обменно бюро
CHANGE
car
кола

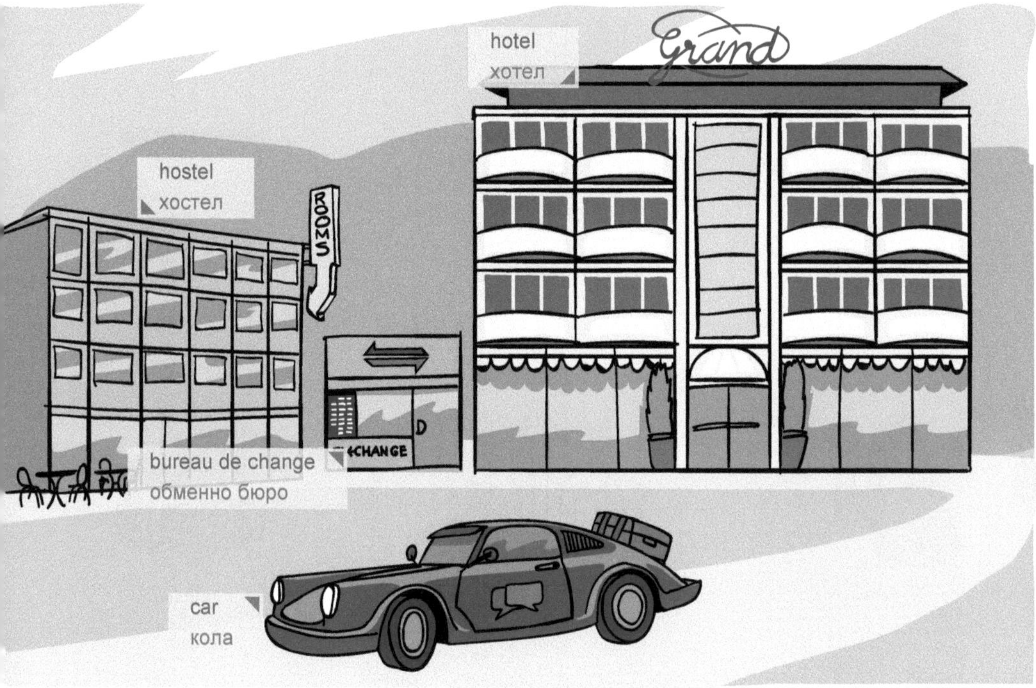

language

език

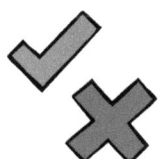

yes / no

да / не

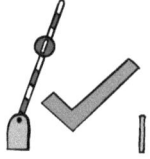

Okay

Окей

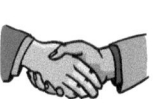

hello

здравей

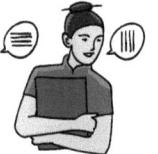

translator

преводач

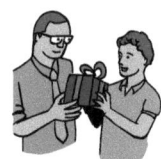

Thank you

Благодаря

how much is...?

Колко струва...?

I do not understand

Не разбирам

problem

проблем

Good evening!

Добър вечер!

Good morning!

Добро утро!

Good night!

Лека нощ!

bye bye

довиждане

direction

посока

luggage

багаж

bag

пътна чанта

backpack

раница

guest

посетител

room

стая

sleeping bag

спален чувал

tent

палатка

travel - пътуване

tourist information

туристическа информация

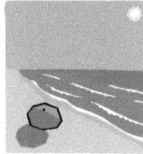

beach

плаж

credit card

кредитна карта

breakfast

закуска

lunch

обед

dinner

вечеря

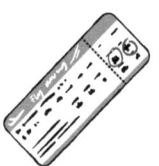

ticket

билет

lift

асансьор

stamp

пощенска марка

border

граница

customs

митница

embassy

посолство

visa

виза

passport

паспорт

travel - пътуване

transport
транспорт

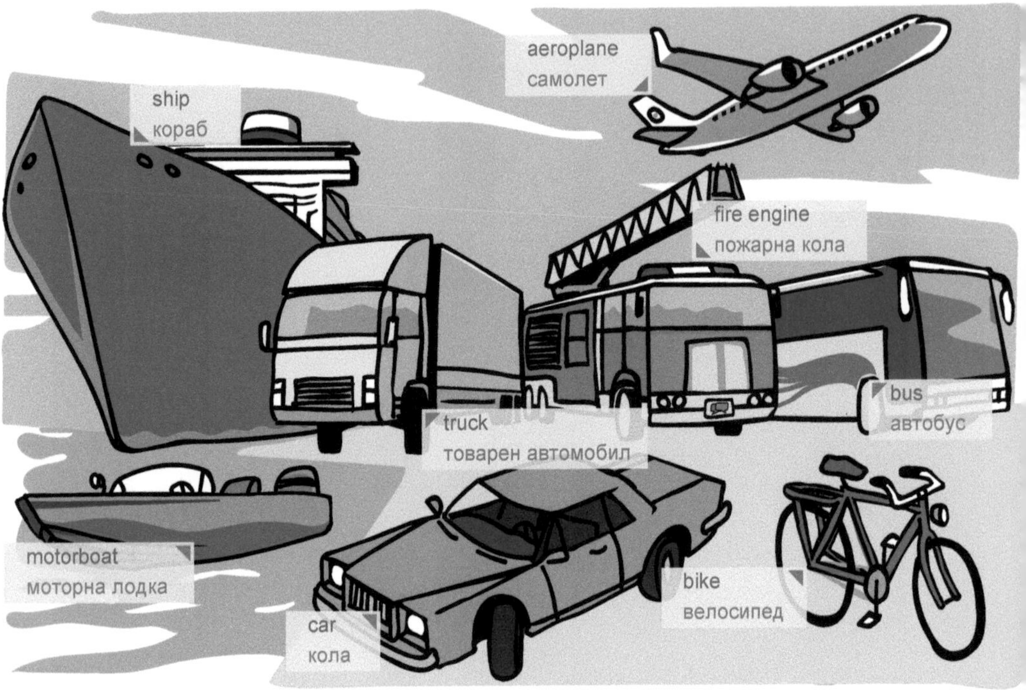
aeroplane
самолет
ship
кораб
fire engine
пожарна кола
bus
автобус
truck
товарен автомобил
motorboat
моторна лодка
bike
велосипед
car
кола

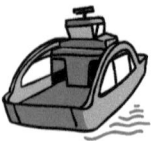

ferry
феribот

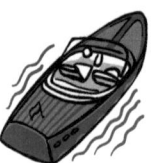

boat
лодка

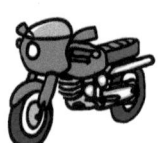

motorbike
мотоциклет

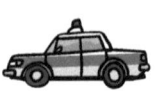

police car
полицейска кола

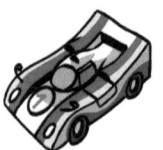

racing car
състезателна кола

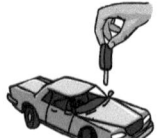

rental car
кола под наем

car sharing

каршеринг

breakdown truck

автомобил от "Пътна помощ"

refuse truck

сметовоз

motor

двигател

fuel

бензин

petrol station

бензиностанция

traffic sign

пътен знак

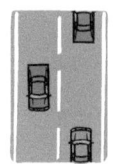

traffic

улично движение

traffic jam

задръстване

car park

паркинг

train station

гара

tracks

релси

train

влак

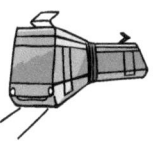

tram

трамвай

carriage

вагон

helicopter
хеликоптер

airport
аерогара

tower
кула

passenger
пасажер

container
контейнер

carton
кашон

cart
ръчна количка

basket
кошница

take off / land
излитам / приземявам се

city
град

village
село

city centre
градски център

house
къща

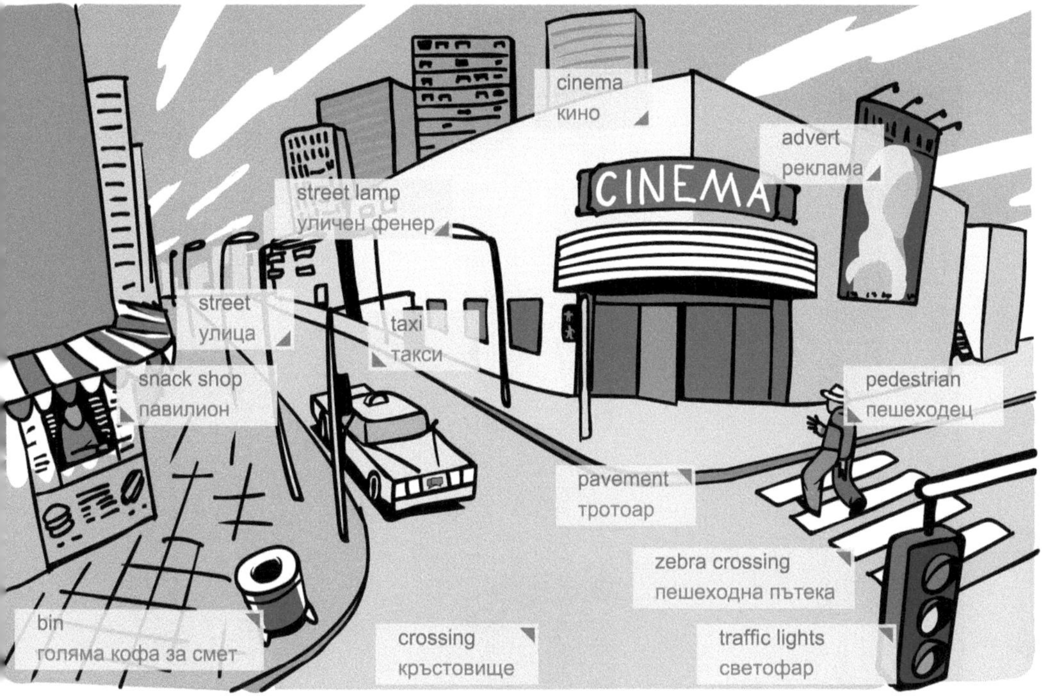

cinema
кино

advert
реклама

street lamp
уличен фенер

street
улица

taxi
такси

snack shop
павилион

pedestrian
пешеходец

pavement
тротоар

zebra crossing
пешеходна пътека

bin
голяма кофа за смет

crossing
кръстовище

traffic lights
светофар

hut
хижа

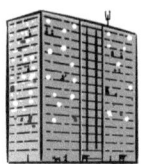

flat
жилище

train station
гара

town hall
кметство

museum
музей

school
училище

city - град

university

университет

bank

банка

hospital

болница

hotel

хотел

pharmacy

аптека

office

офис

book shop

книжарница

shop

магазин за цветя

florist's

магазин за цветя

supermarket

супермаркет

market

пазар

department store

универсален магазин

fishmonger's

търговец на риба

shopping centre

търговски център

harbour

пристанище

park

парк

bench

пейка

bridge

мост

stairs

стълба

underground

метро

tunnel

тунел

bus stop

автобусна спирка

bar

бар

restaurant

ресторант

postbox

пощенска кутия

street sign

улична табелка

parking meter

часовник за паркинг
престой

zoo

зоологическа градина

swimming pool

плувен басейн

mosque

джамия

farm

селски двор

pollution

замърсяване на околната среда

graveyard

гробище

church

църква

playground

детска площадка

temple

храм

landscape

пейзаж

signpost
пътепоказател

way
път

meadow
ливада

stone
камък

tree
дърво

hiker
пътешественик

river
река

grass
трева

flower
цвете

valley

долина

hill

планина

lake

море

forest

гора

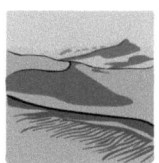

desert

пустиня

volcano

вулкан

castle

замък

rainbow

дъга

mushroom

гъба

palm tree

палма

mosquito

комар

fly

муха

ant

мравка

bee

пчела

spider

паяк

beetle

бръмбар

frog

жаба

squirrel

катеричка

hedgehog

таралеж

hare

заек

owl

кукумявка

bird

птица

swan

лебед

boar

диво прасе

deer

елен

moose

лос

dam

бент

wind turbine

вятърна турбина

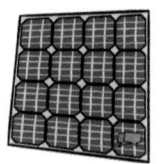

solar panel

соларен модул

climate

климат

restaurant
ресторант

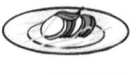

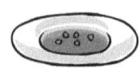

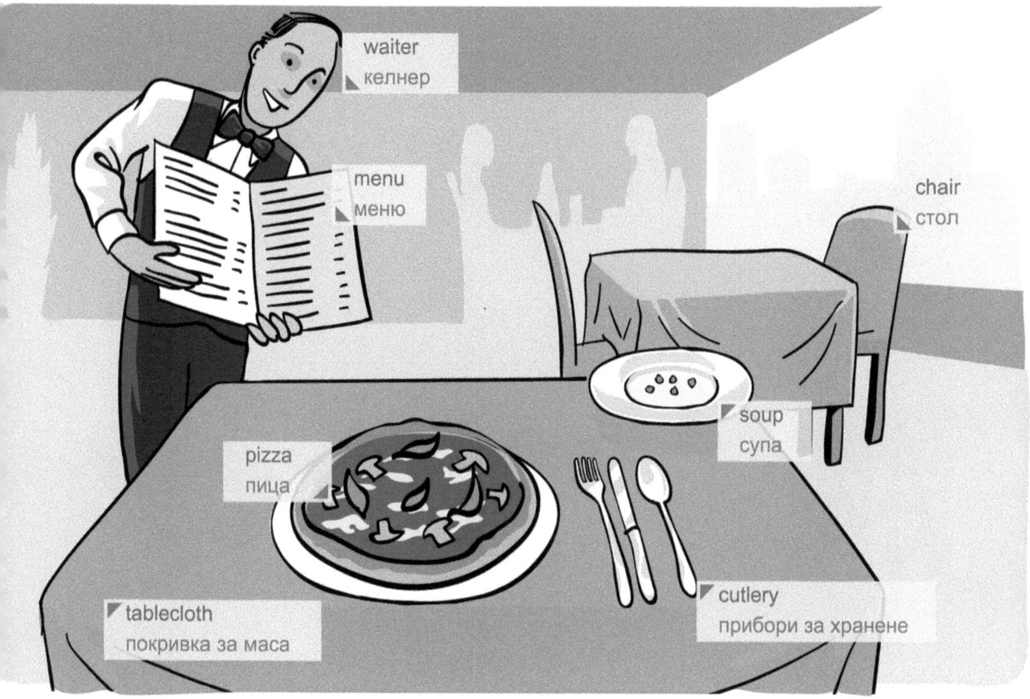

waiter
келнер
menu
меню
chair
стол
soup
супа
pizza
пица
tablecloth
покривка за маса
cutlery
прибори за хранене

starter
предястие

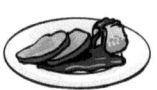

main course
основно ястие

dessert
десерт

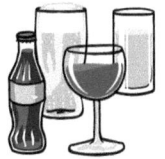

drinks
напитки

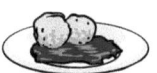

food
ядене

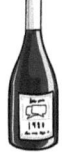

bottle
бутилка

fast food

бързо хранене

street food

улична храна

teapot

кана за чай

sugar bowl

кутия за захар

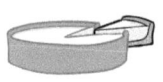

portion

порция

espresso machine

еспресо машина

high chair

висок детски стол

bill

сметка

tray

табла

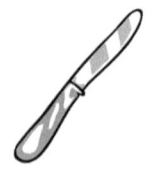

knife

ножица за нокти

fork

вилица

spoon

лъжица

teaspoon

чаена лъжичка

serviette

салфетка

glass

стъклена чаша

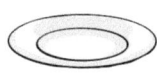

plate

чиния

soup plate

чиния за супа

saucer

чинийка

sauce

сос

salt pot

солница

pepper mill

мелничка за черен пипер

vinegar

оцет

oil

олио

spices

подправки

ketchup

кетчуп

mustard

горчица

mayonnaise

майонеза

supermarket

супермаркет

special offer
оферта
FOR
customer
клиент
dairy
млечни продукти
fruit
плодове
trolley
количка за покупки

BUTCHERS

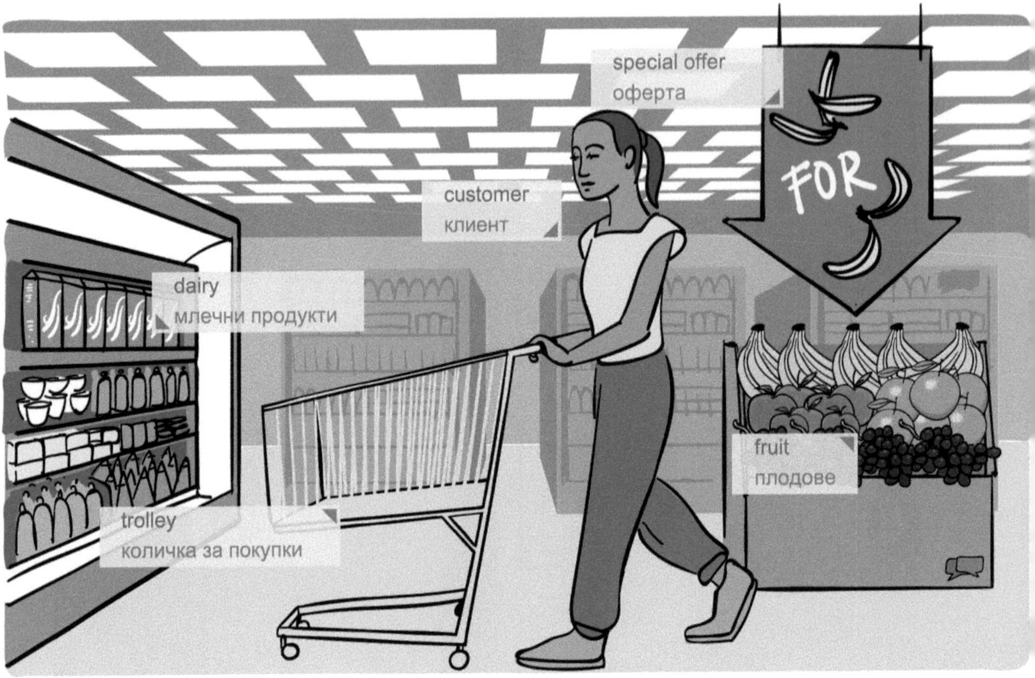

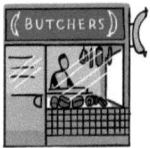

butcher´s

кланица

BAKERY

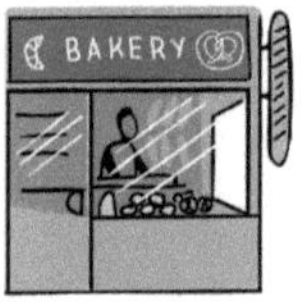

baker´s

хлебарница

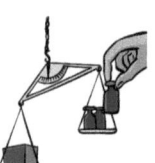

weigh

тегля

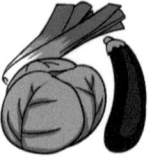

vegetables

зеленчуци

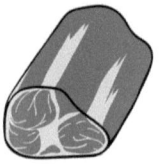

meat

месо

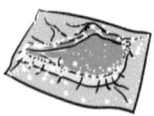

frozen food

дълбоко замразена храна

cold meat

нарязан колбас или сирене

tinned food

консерви

washing powder

перилен препарат

sweets

лакомства

household products

домакински изделия

cleaning products

почистващи препарати

salesperson

продавачка

till

каса

cashier

касиер

shopping list

списък на покупките

opening hours

работно време

wallet

портфейл

credit card

кредитна карта

bag

чанта

plastic bag

пластмасова торба

drinks
напитки

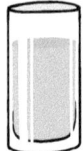

water

вода

juice

сок

milk

мляко

coke

кола

wine

вино

beer

бира

alcohol

алкохол

cocoa

какао

tea

чай

coffee

кафе машина

espresso

еспресо

cappuccino

капучино

banana

банан

apple

ябълка

orange

портокал

melon

пъпеш

lemon

лимон

carrot

морков

garlic

чесън

bamboo

бамбук

onion

лук

mushroom

гъба

nuts

ядки

noodles

макарони

spaghetti

спагети

rice

ориз

salad

салата

chips

пържени картофи

fried potatoes

печени картофи

pizza

пица

hamburger

хамбургер

sandwich

сандвич

cutlet

шницел

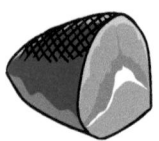

ham

шунка

salami

траен колбас

sausage

салам

chicken

пиле

roast

печено

fish

риба

porridge oats

овесени ядки

muesli

мюсли

cornflakes

корнфлейкс

flour

брашно

croissant

кроасан

bread roll

хлебчета

bread

хляб

toast

препечена филийка

biscuits

бисквити

butter

масло

curd

извара

cake

сладкиш

egg

яйце

fried egg

яйца на очи

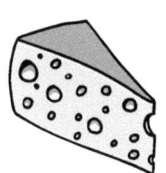

cheese

сирене

ice cream

сладолед

sugar

захар

honey

мед

jam

мармалад

chocolate spread

нуга крем

curry

къри

goat

коза

cow

крава

calf

теле

pig

свиня

piglet

прасенце

bull

бик

goose

гъска

duck

патица

chick

пиленце

hen

кокошка

cock

петел

rat

плъх

cat

котка

mouse

мишка

ox

вол

dog

куче

doghouse

кучешка колиба

garden hose

градински маркуч

watering can

лейка

scythe

коса

plough

плуг

sickle

сърп

hoe

мотика

pitchfork

вила за тор

axe

брадва

wheelbarrow

ръчна количка

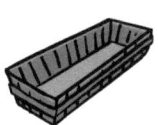

trough

корито

milk can

съд за мляко

sack

чувал

fence

ограда

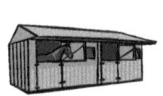

stable

обор

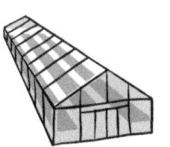

greenhouse

парник

soil

земя

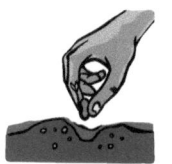

seed

сеитба

fertilizer

тор

combine harvester

комбайн

farm - селски двор

harvest

жъна

harvest

реколта

yams

ямс

wheat

жито

soy

соя

potato

картоф

corn

царевица

rapeseed

рапица

fruit tree

овощно дърво

cassava

маниока

cereals

зърнени храни

farm - селски двор

living room

всекидневна

bathroom

баня

kitchen

кухня

bedroom

спалня

child's room

детска стая

dining room

трапезария

house - къща

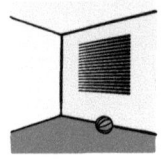

floor

под

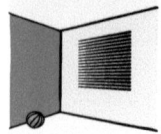

wall

стена

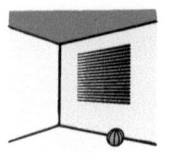

ceiling

таван

cellar

изба

sauna

сауна

balcony

балкон

terrace

тераса

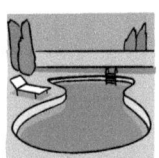

pool

плувен басейн

lawn mower

косачка

sheet

спално бельо

bedspread

покривка за легло

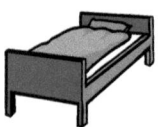

bed

легло

broom

метла

bucket

кофа

switch

електрически ключ

living room
всекидневна

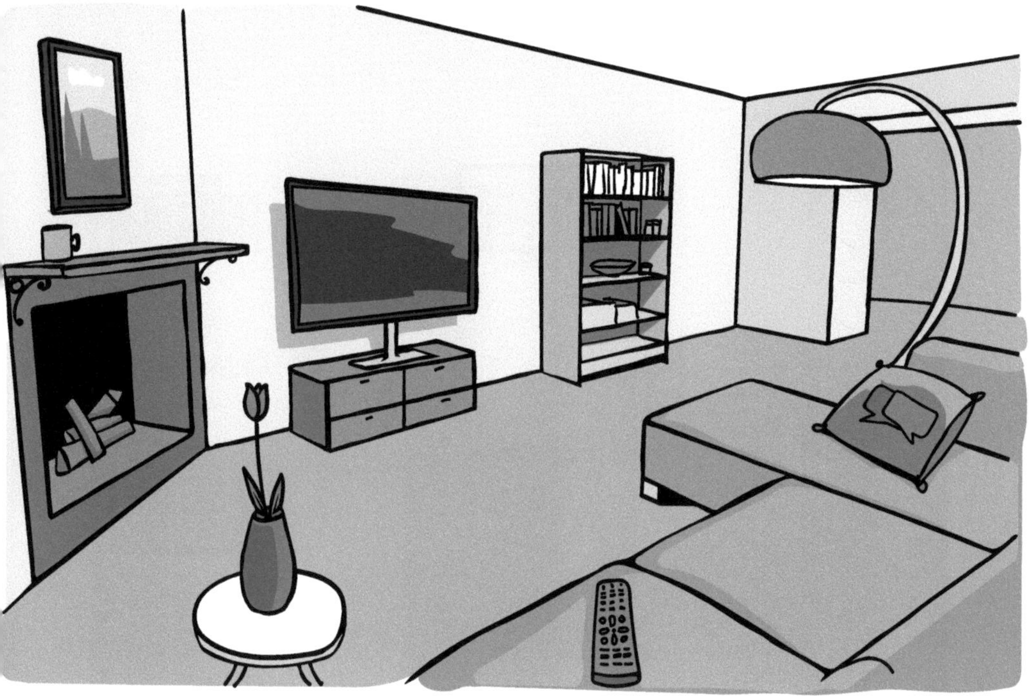

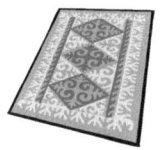

carpet

килим

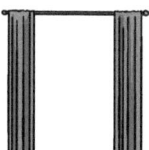

curtain

завеса

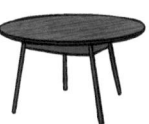

table

маса

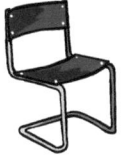

chair

стол

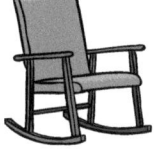

rocking chair

люлеещ се стол

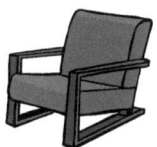

armchair

кресло

book

книга

blanket

одеяло

decoration

декорация

firewood

дърва за отопление

film

филм

hi-fi equipment

стерео уредба

key

ключ

newspaper

вестник

painting

живопис

poster

постер

radio

радио

notepad

бележник

hoover

прахосмукачка

cactus

кактус

candle

свещ

kitchen
кухня

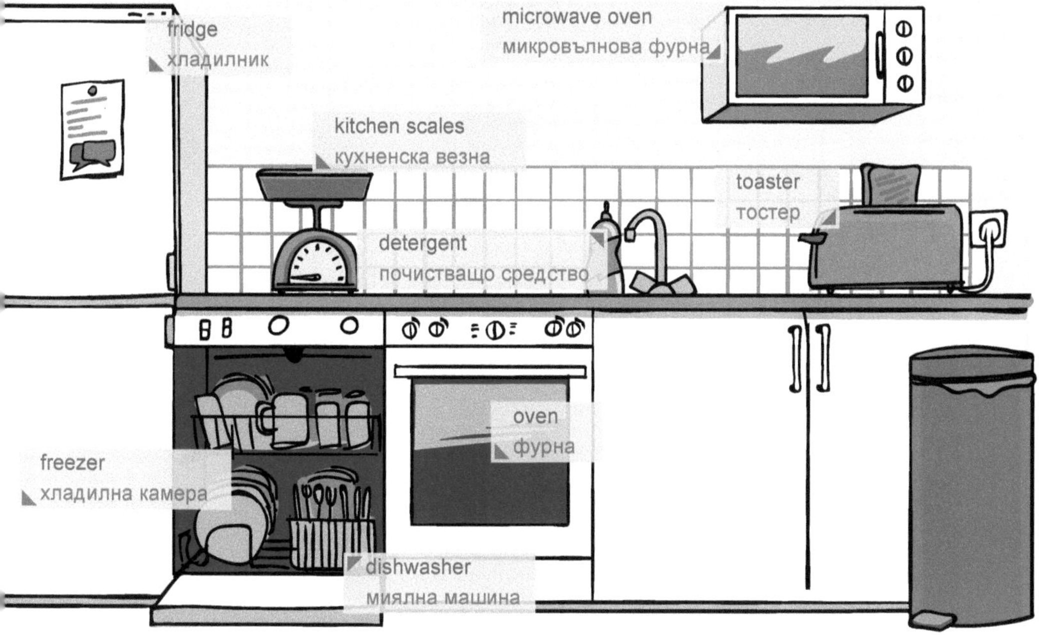
fridge
хладилник
microwave oven
микровълнова фурна
kitchen scales
кухненска везна
toaster
тостер
detergent
почистващо средство
oven
фурна
freezer
хладилна камера
dishwasher
миялна машина

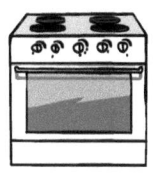

cooker

готварска печка

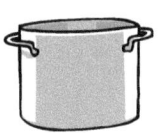

pot

тенджера

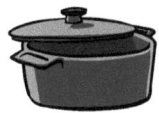

cast-iron pot

желязна тенджера

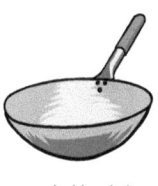

wok / kadai

уок / кадаи

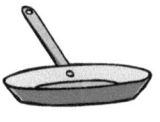

pan

тиган

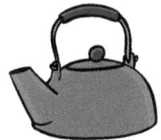

kettle

кана за затопляне на вода

steamer

уред за готвене на пара

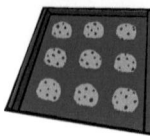

baking tray

тава за печене

crockery

съдове

mug

чаша

bowl

купа

chopsticks

клечки за хранене

ladle

черпак

spatula

лопатка за тиган

whisk

тел за разбиване (на яйца, белтъци)

strainer

кошница за варене

sieve

гевгир

grater

ренде

mortar

хаван

barbecue

барбекю

open fire

огнище

chopping board

дъска

rolling pin

точилка

corkscrew

тирбушон

can

кутия

can opener

отварачка за консерви

pot holder

кухненска ръкохватка

sink

мивка

brush

четка

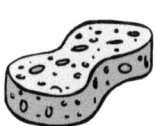

sponge

гъба

blender

миксер

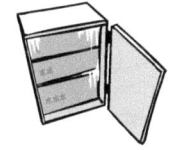

deep freezer

фризер

baby bottle

бебешко шише

tap

воден кран

bathroom

баня

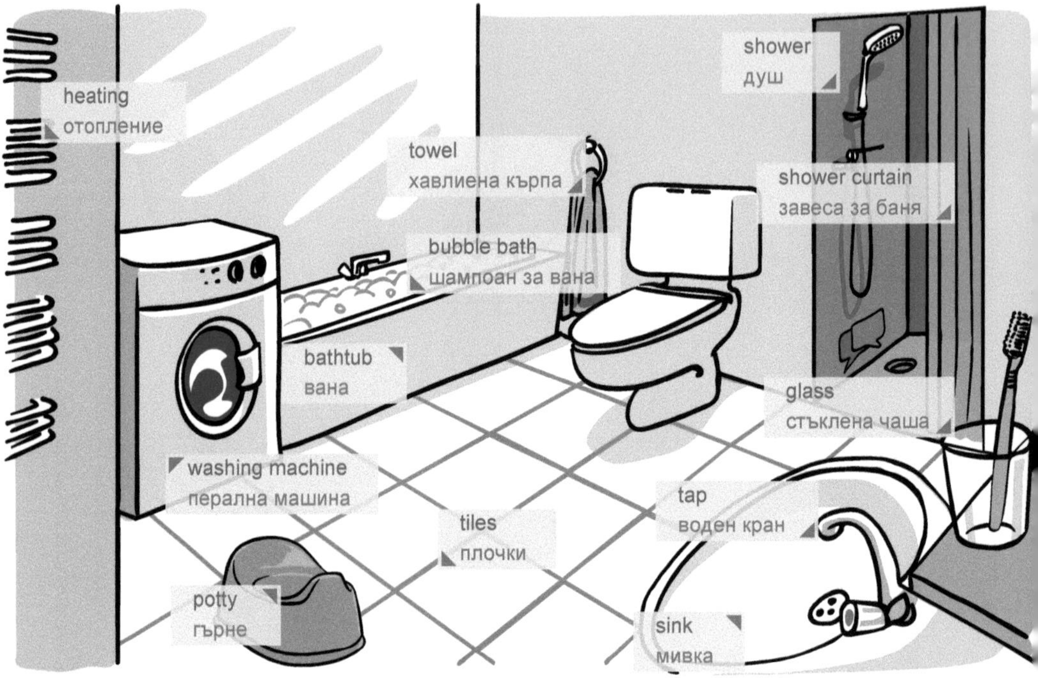

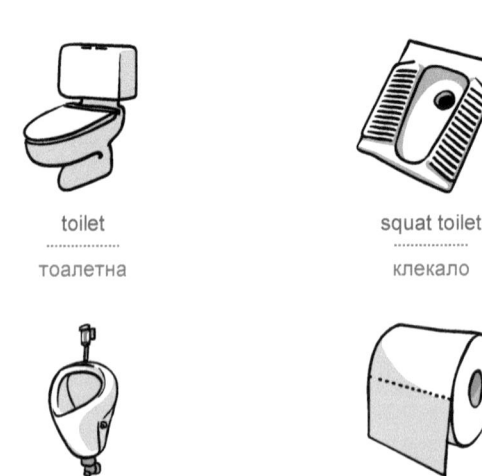

heating
отопление
towel
хавлиена кърпа
shower
душ
shower curtain
завеса за баня
bubble bath
шампоан за вана
bathtub
вана
glass
стъклена чаша
washing machine
перална машина
tap
воден кран
tiles
плочки
potty
гърне
sink
мивка

toilet

тоалетна

squat toilet

клекало

bidet

биде

urinal

писоар

toilet paper

тоалетна хартия

toilet brush

четка за тоалетна

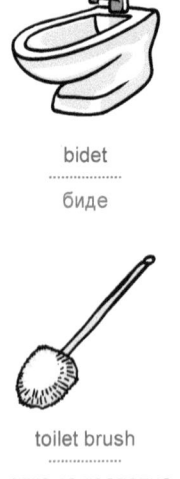

toothbrush

четка за зъби

toothpaste

паста за зъби

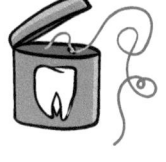

dental floss

конец за зъби

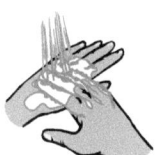

wash

мия

handheld shower

ръчен душ

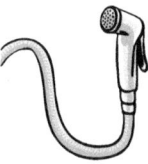

douche

интимен душ

basin

леген

back brush

четка за гръб

soap

сапун

shower gel

душ гел

shampoo

шампоан за вана

flannel

гъба за баня

drain

сифон

cream

крем

deodorant

дезодорант

mirror

огледало

hand mirror

козметично огледало

razor

ръчна самобръсначка

shaving foam

пяна за бръснене

aftershave

одеколон за след бръснене

comb

гребен

brush

четка

hair dryer

сешоар

hairspray

спрей за коса

makeup

грим

lipstick

червило

nail varnish

лак за нокти

cotton wool

памук

nail scissors

ножица за нокти

perfume

парфюм

washbag

тоалетна чантичка

stool

табуретка

weighing scale

везна

bathrobe

хавлия

rubber gloves

домакински ръкавици

tampon

тампон

sanitary towel

дамски превръзки

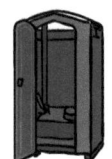

chemical toilet

химическа тоалетна

child's room
детска стая

alarm clock
будилник
cuddly toy
плюшена играчка
toy car
автомобил играчка
rattle
дрънкалка
doll's house
къща за кукли
present
подарък

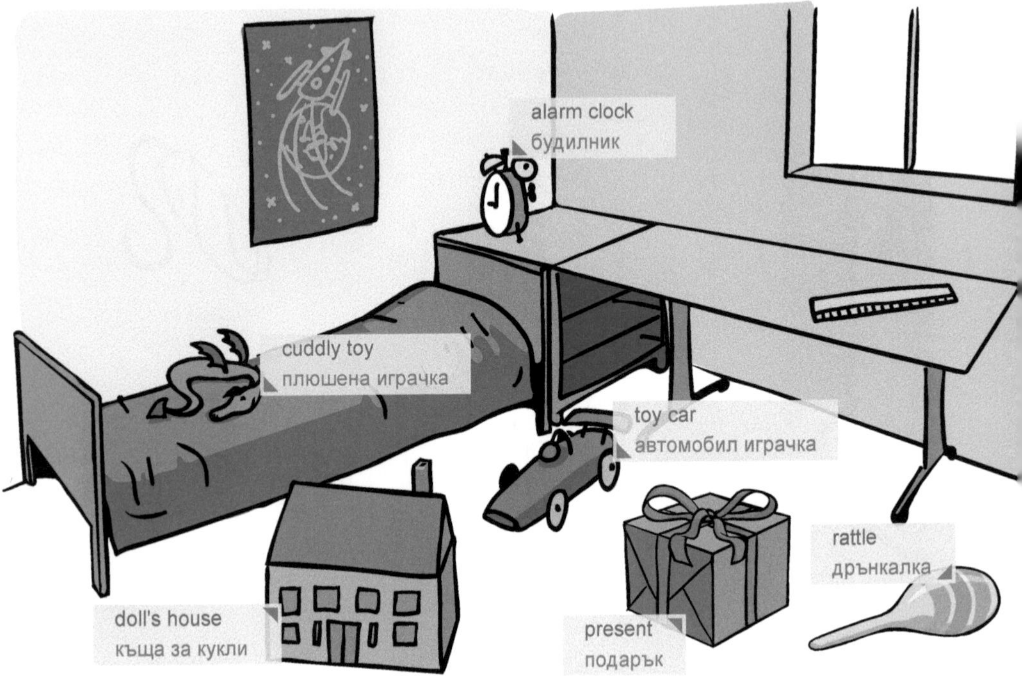

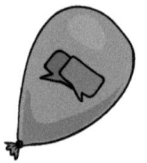

balloon

балон

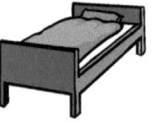

bed

легло

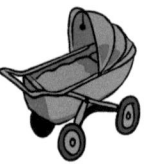

pram

детска количка

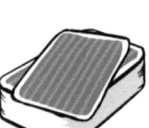

deck of cards

игра на карти

jigsaw

пъзел

SUPER
MEGA

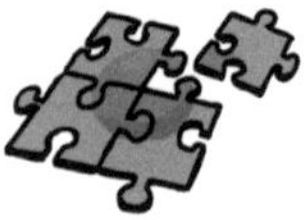

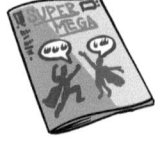

comic

комикс

lego bricks

лего елементи

building blocks

строителни елементи

action figure

екшън фигурка

babygrow

бебешки гащеризон

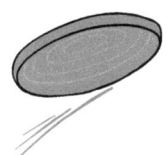

frisbee

фрисби

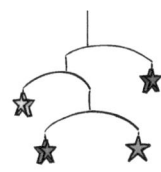

mobile

бебешки играчки за легло

board game

настолна игра

dice

зарче

model train set

миниатюрно влакче

dummy

биберон

party

парти

picture book

детска книга с илюстрации

ball

топка

doll

кукла

play

играя

sandpit

пясъчник

swing

люлка

toys

играчка

video game console

игрова конзола

tricycle

велосипед с три колелета

teddy bear

плюшено мече

wardrobe

гардероб

clothing

облекло

socks

къси чорапи

stockings

дълги чорапи

tights

чорапогащник

scarf
шал

belt
колан

umbrella
чадър

t-shirt
Т-шърт

boots
ботуши

slippers
пантофи

trainers
гуменки

sandals
····················
сандали

shoes
····················
обувки

rubber boots
····················
гумени ботуши

underpants
····················
слип

bra
····················
сутиен

vest
····················
долна блуза

clothing - облекло

45

body

боди

trousers

панталон

jeans

дънки

skirt

пола

blouse

блуза

shirt

риза

pullover

пуловер

hoodie

суичър

blazer

блейзър

jacket

яке

coat

палто

raincoat

дъждобран

costume

костюм

dress

рокля

wedding dress

булчинска рокля

suit

костюм

nightgown

нощница

pyjamas

пижама

sari

сари

headscarf

кърпа за глава

turban

тюрбан

burqa

бурка

kaftan

кафтан

abaya

абая

swimsuit

бански костюм

trunks

плувни шорти

shorts

къс панталон

tracksuit

анцуг

apron

престилка

gloves

ръкавици

button

копче

glasses

очила

bracelet

гривна

necklace

верижка

ring

пръстен

earring

обеца

cap

каскет

coat hanger

закачалка

hat

шапка

tie

вратовръзка

zip

цип

helmet

каска

braces

тиранти

school uniform

ученическа униформа

uniform

униформа

clothing - облекло

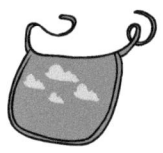

bib

лигавник

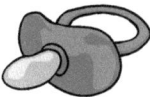

dummy

биберон

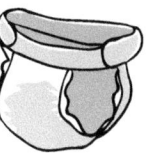

nappy

пелена

office

офис

server
сървър
filing cabinet
шкаф за документи
printer
принтер
paper
хартия
monitor
монитор
desk
бюро
mouse
мишка
folder
папка
keyboard
клавиатура
waste-paper basket
кошче за хартиени отпадъци
chair
стол
computer
компютър

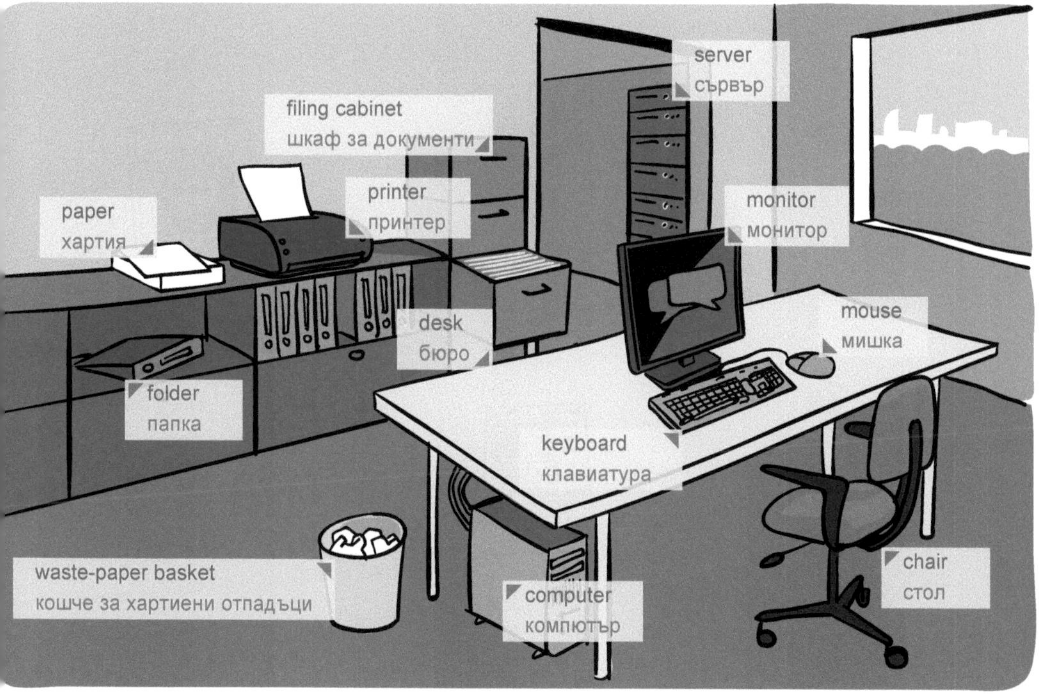

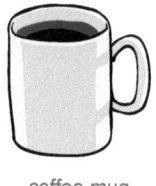

coffee mug

чаша за кафе

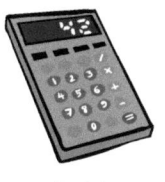

calculator

джобен калкулатор

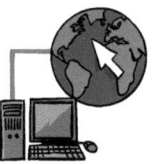

internet

интернет

laptop

лаптоп

letter

писмо

message

съобщение

mobile

мобилен телефон

network

мрежа

photocopier

ксерокс

software

софтуер

telephone

телефон

plug socket

контакт

fax machine

факс

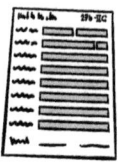

form

формуляр

document

документ

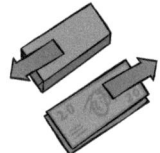

buy

купувам

pay

плащам

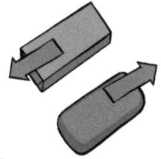

trade

търгувам

money

пари

dollar

долар

euro

евро

yen

йена

rouble

рубла

Swiss franc

швейцарски франк

renminbi yuan

ренминби юан

rupee

рупия

cashpoint

банкомат

bureau de change

обменно бюро

gold

злато

silver

сребро

oil

нефт

energy

енергия

price

цена

contract

договор

tax

данък

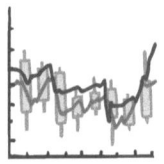

stock

акция

work

работя

employee

служител

employer

работодател

factory

фабрика

shop

магазин за цветя

fireman
пожарникар

police officer
полицай

cook
готвач

doctor
лекар

pilot
пилот

gardener

градинар

carpenter

мебелист

seamstress

шивачка

judge

съдия

chemist

химик

actor

артист

bus driver

шофьор на автобус

taxi driver

шофьор на такси

fisherman

рибар

cleaning lady

чистачка

roofer

майстор на покриви

waiter

келнер

hunter

ловец

painter

художник

baker

хлебар

electrician

електротехник

builder

строителен работник

engineer

инженер

butcher

касапин

plumber

тенекеджия

postman

пощальон

soldier

войник

architect

архитект

cashier

касиер

florist

цветар

hairdresser

фризьор

conductor

кондуктор

mechanic

механик

captain

капитан

dentist

зъболекар

scientist

научен работник

rabbi

равин

imam

имàм

monk

монах

clergyman

свещеник

tools
инструменти

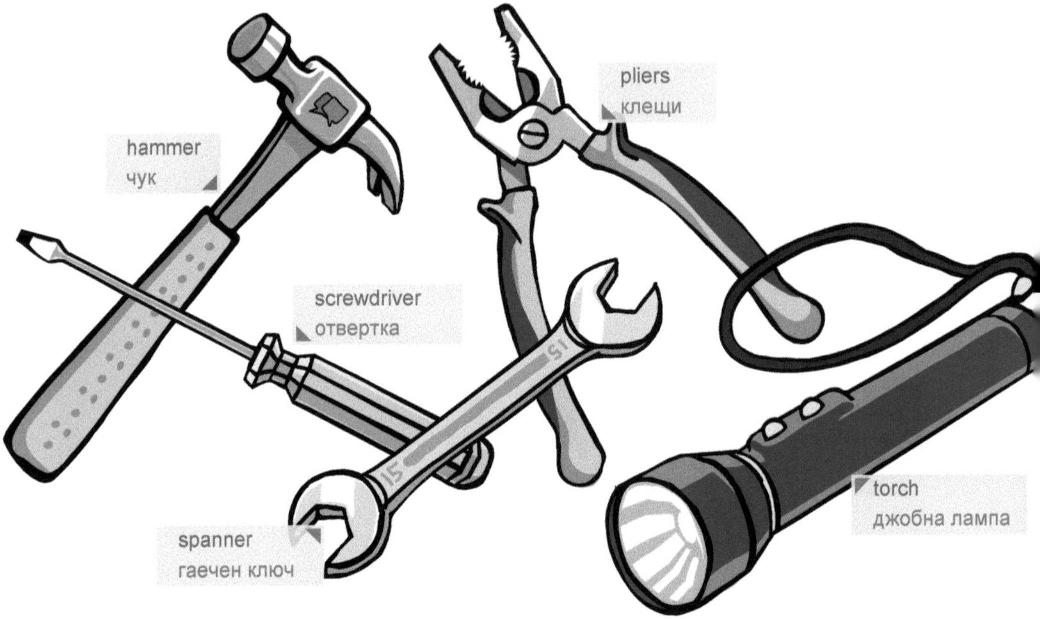
pliers
клещи
hammer
чук
screwdriver
отвертка
torch
джобна лампа
spanner
гаечен ключ

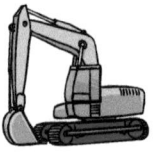

digger

багер

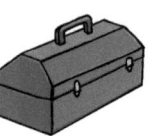

toolbox

кутия за инструменти

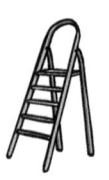

ladder

стълба

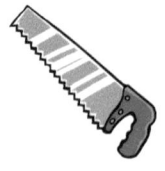

saw

трион

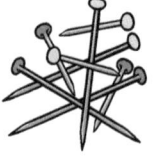

nails

пирони

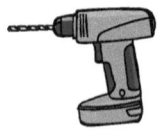

drill

бормашина

repair

ремонтирам

shovel

лопата

Damn!

По дяволите!

dustpan

лопатка за смет

paint pot

кутия за боя

screws

болтове

musical instruments
музикални инструменти

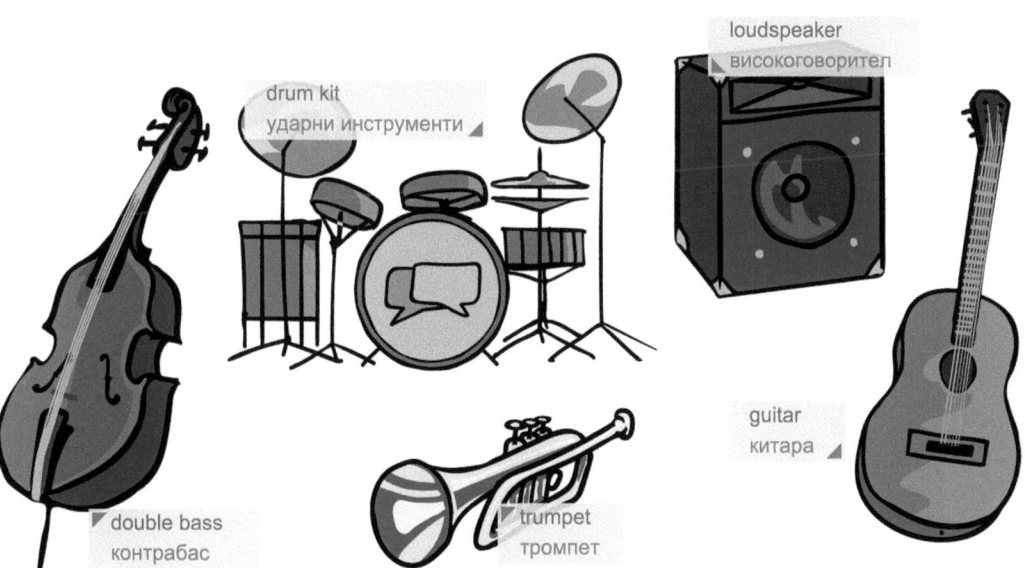

drum kit
ударни инструменти

loudspeaker
високоговорител

guitar
китара

double bass
контрабас

trumpet
тромпет

piano

пиано

violin

виолина

bass

контрабас

timpani

тимпан

drums

барабан

keyboard

електрическо пиано

saxophone

саксофон

flute

флейта

microphone

микрофон

зоологическа градина

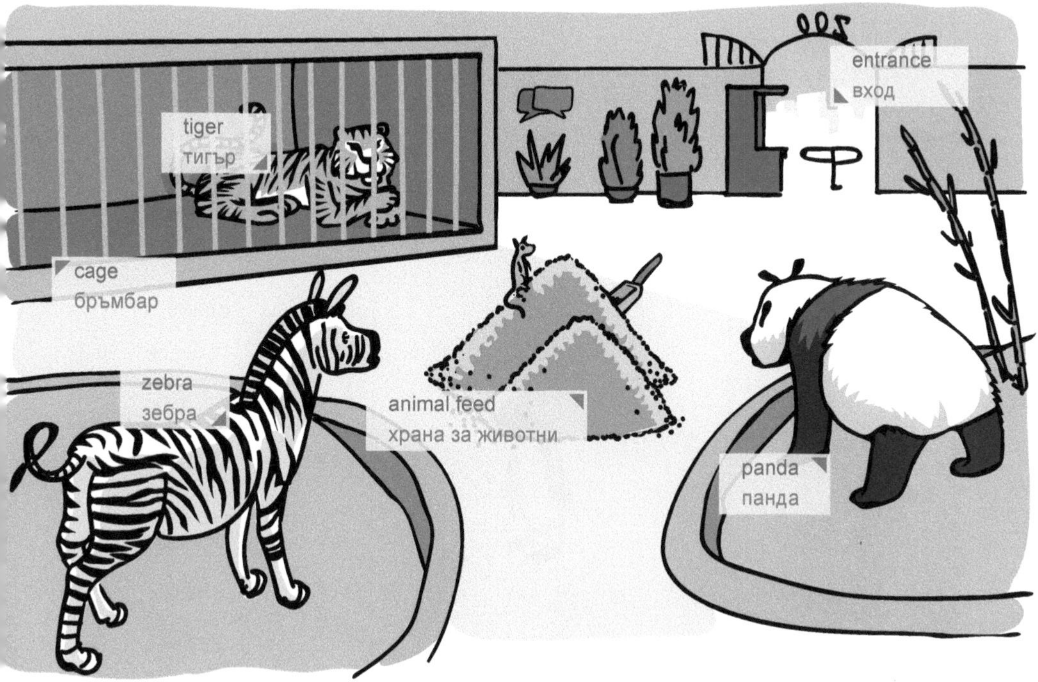

tiger
тигър
entrance
вход
cage
бръмбар
zebra
зебра
animal feed
храна за животни
panda
панда

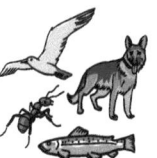

animals
животни

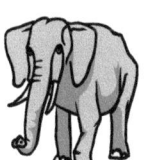

elephant
слон

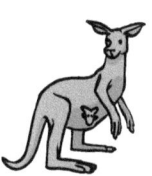

kangaroo
кенгуру

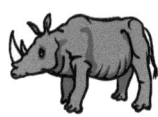

rhino
носорог

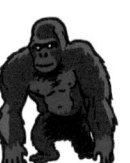

gorilla
горила

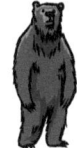

bear
мечка

camel

камила

ostrich

щраус

lion

лъв

monkey

маймуна

flamingo

фламинго

parrot

папагал

polar bear

бяла мечка

penguin

пингвин

shark

акула

peacock

паун

snake

змия

crocodile

крокодил

zookeeper

пазач в зоологическа
градина

seal

тюлен

jaguar

ягуар

zoo - зоологическа градина

pony

пони

leopard

леопард

hippo

хипопотам

giraffe

жираф

eagle

орел

boar

диво прасе

fish

риба

turtle

костенурка

walrus

морж

fox

лисица

gazelle

газела

American football
американски футбол

cycling
колоездене

tennis
тенис

basketball
баскетбол

swimming
плуване

boxing
бокс

ice hockey
хокей на лед

football
футбол

badminton
бадминтон

athletics
лека атлетика

handball
хандбал

skiing
ски бягане

polo
поло

laugh
смея се

jump
скачам

hug
прегръщам

walk
вървя

sing
пея

dream
сънувам

pray
моля се

kiss
целувам

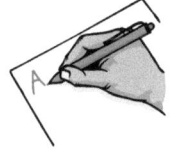

write

пиша

draw

рисувам

show

показвам

push

бутам

give

давам

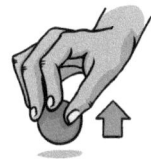

take

взимам

activities - дейности

have
имам

do
правя

be
съм

stand
стоя

run
тичам

pull
дърпам

throw
хвърлям

fall
падам

lie
лежа

wait
чакам

carry
нося

sit
седя

get dressed
обличам

sleep
спя

wake up
събуждам се

look at

разглеждам

cry

плача

stroke

милвам

comb

реша се

talk

говоря

understand

разбирам

ask

питам

listen

слушам

drink

пия

eat

ям

tidy up

разтребвам

love

обичам

cook

готвя

drive

карам автомобил

fly

летя

sail

плавам (с платна)

calculate

смятане

read

чета

learn

уча

work

работя

marry

женя се

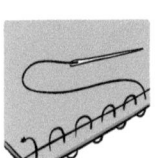

sew

шия

brush teeth

измивам си зъбите

kill

убивам

smoke

пуша

send

изпращам

grandmother
баба

grandfather
дядо

father
баща

mother
майка

baby
бебе

daughter
дъщеря

son
син

guest
посетител

aunt
леля

uncle
чичо

brother
брат

sister
сестра

body

тяло

forehead
чело
eye
око
shoulder
рамо
finger
пръст
face
лице
chin
брадичка
hand
ръка
leg
крак
breast
гърди
arm
ръка

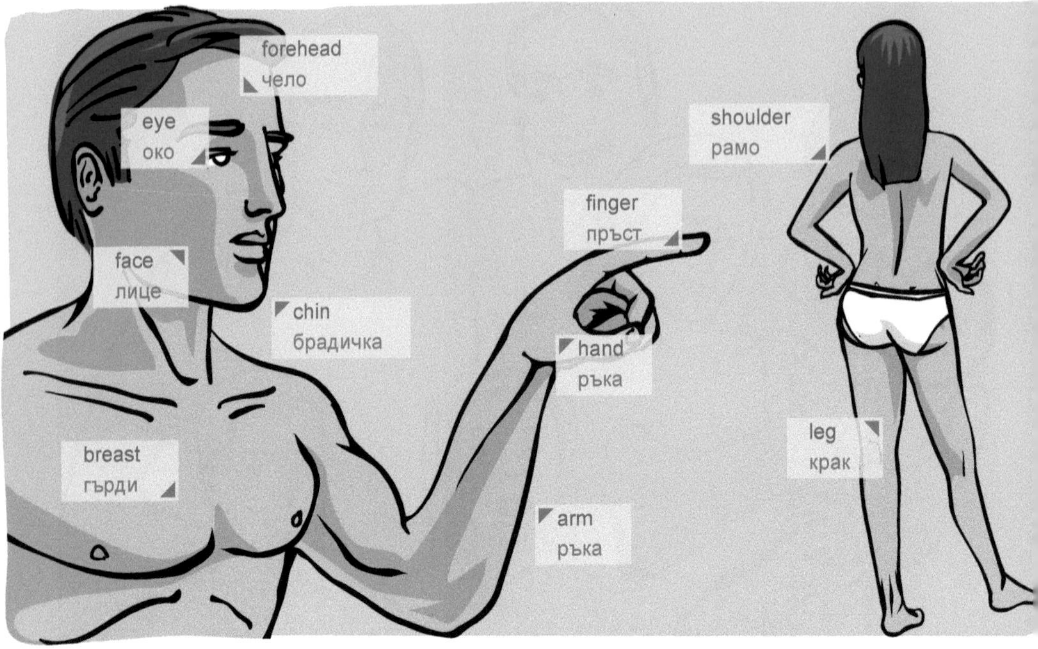

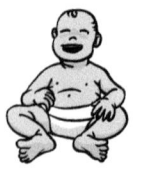

baby
бебе

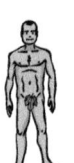

man
мъж

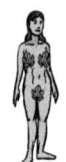

woman
жена

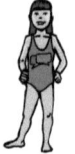

girl
момиче

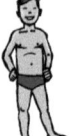

boy
момче

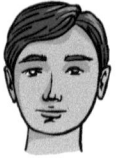

head
глава

back

гръб

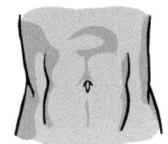

belly

корем

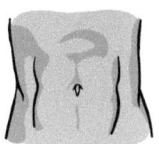

belly button

пъп

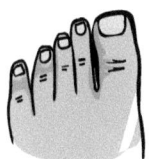

toe

пръст на крака

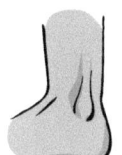

heel

пета

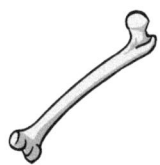

bone

кост

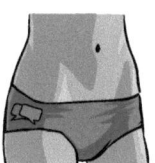

hip

хълбок

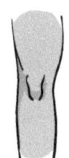

knee

коляно

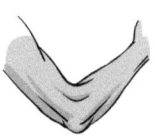

elbow

лакът

nose

нос

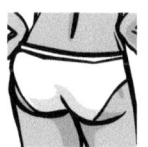

bottom

седалище

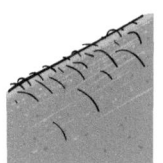

skin

кожа

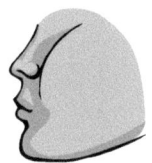

cheek

буза

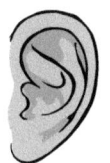

ear

ухо

lip

устна

mouth

уста

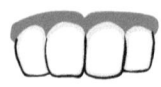

tooth

зъб

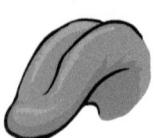

tongue

език

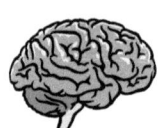

brain

мозък

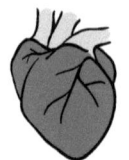

heart

сърце

muscle

мускул

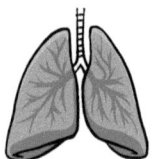

lung

бял дроб

liver

черен дроб

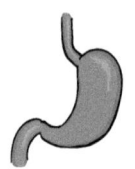

stomach

стомах

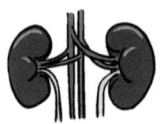

kidneys

бъбреци

sex

полово сношение

condom

кондом

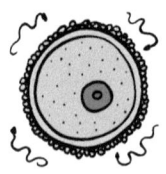

ovum

яйцеклетка

semen

сперма

pregnancy

бременност

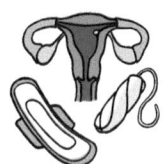

menstruation

менструация

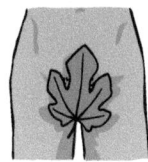

vagina

вагина

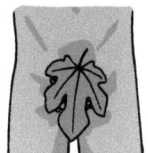

penis

пенис

eyebrow

вежда

hair

коса

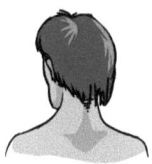

neck

шия

hospital
болница

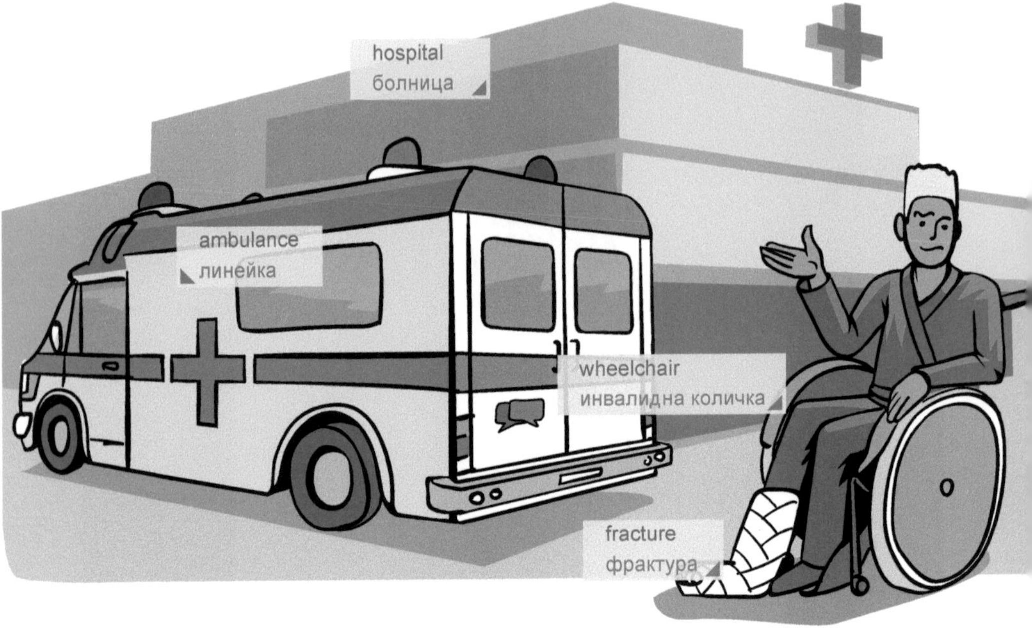

hospital
болница
ambulance
линейка
wheelchair
инвалидна количка
fracture
фрактура

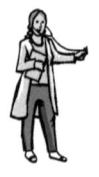

doctor

лекар

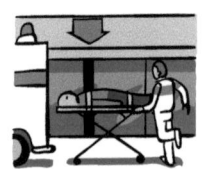

emergency room

спешна хоспитализация

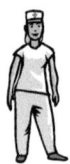

nurse

медицинска сестра

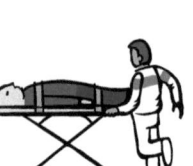

emergency

спешен случай

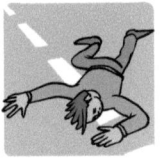

unconscious

в безсъзнание

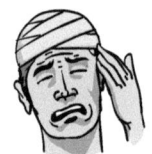

pain

болка

injury

нараняване

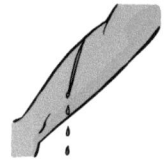

bleeding

кървене

heart attack

инфаркт

stroke

инсулт

allergy

алергия

cough

кашлица

fever

температура

flu

грип

diarrhoea

диария

headache

главоболие

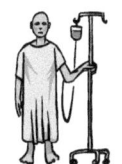

cancer

рак

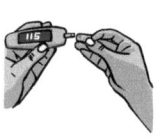

diabetes

диабет

surgeon

хирург

scalpel

скалпел

operation

операция

CT

компютърна томография

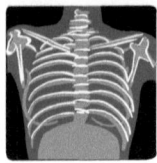

x-ray

рентген

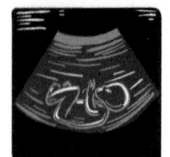

ultrasound

ултразвук

face mask

маска

disease

болест

waiting room

чакалня

crutch

патерица

plaster

пластир

bandage

превръзка

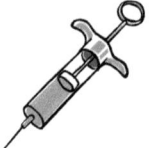

injection

инжекция

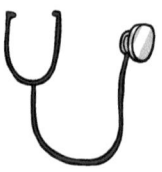

stethoscope

стетоскоп

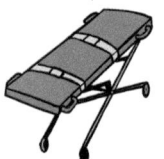

stretcher

носилка

clinical thermometer

термометър

birth

раждане

overweight

наднормено тегло

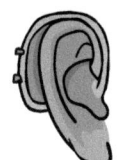

hearing aid

слухов апарат

disinfectant

дезинфекционно средство

infection

инфекция

virus

вирус

HIV / AIDS

HIV / AIDS

medicine

медицина

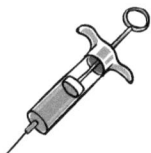

vaccination

ваксинация

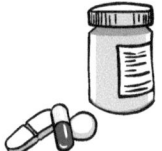

tablets

таблети

pill

противозачатъчна
таблетка

emergency call

спешно телефонно
обаждане

blood pressure monitor

апарат за измерване на
кръвното налягане

ill / healthy

болен / здрав

Help!

Помощ!

alarm

сигнал за тревога

assault

нападение

attack

атака

danger

опасност

emergency exit

авариен изход

Fire!

Пожар!

fire extinguisher

пожарогасител

accident

злополука

first-aid kit

комплект за оказване на
първа помощ

SOS

SOS

police

полиция

Europe

Европа

North America

Северна Америка

South America

Южна Америка

Africa

Африка

Asia

Азия

Australia

Австралия

Atlantic

Атлантически океан

Pacific

Тихи океан

Indian Ocean

Индийски океан

Antarctic Ocean

Южен ледовит океан

Arctic Ocean

Северен ледовит океан

North Pole

Северен полюс

South Pole

Южен полюс

Antarctica

Антарктида

Earth

Земя

land

суша

sea

море

island

остров

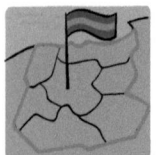

nation

нация

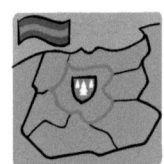

state

държава

clock face

циферблат

hour hand

стрелка на часовете

minute hand

стрелка на минутите

second hand

стрелка на секундите

What time is it?

Колко е часът?

day

ден

time

време

now

сега

digital watch

дигитален часовник

minute

минута

hour

час

English	Български
Monday	понеделник
Tuesday	вторник
Wednesday	сряда
Thursday	четвъртък
Friday	петък
Saturday	събота
Sunday	неделя

yesterday

вчера

today

днес

tomorrow

утре

morning

сутрин

noon

обед

evening

вечер

business days

работни дни

weekend

уикенд

year

година

rain
дъжд
spring
пролет
summer
лято
wind
вятър
autumn
есен
snow
сняг
winter
зима

4.APRIL 11°
5.APRIL 4°
6.APRIL 13°
7.APRIL 8°
8.APRIL 10°

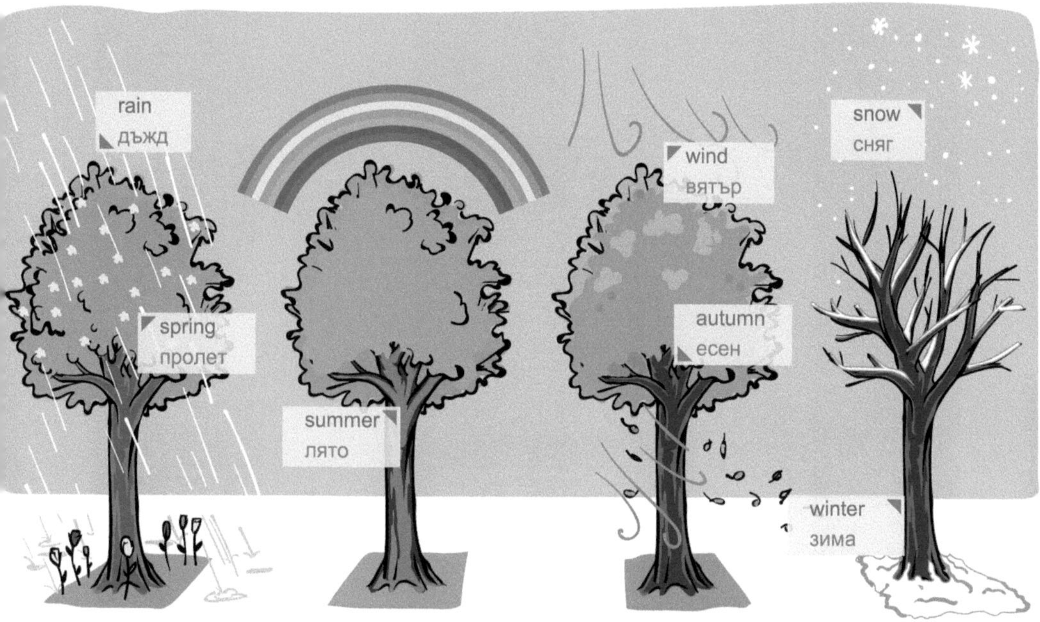

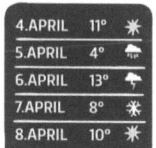

weather forecast
....
прогноза за времето

F
C
120
90
60
30
0
-30
40
30
20
10
0
-10
-20

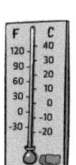

thermometer
....
термометър

sunshine
....
слънчева светлина

cloud
....
облак

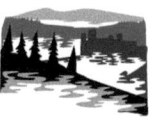

fog
....
мъгла

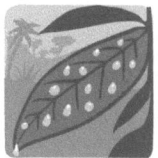

humidity
....
влажност на въздуха

lightning

светкавица

thunder

гръмотевица

storm

буря

hail

градушка

monsoon

мусон

flood

наводнение

ice

лед

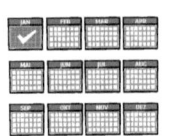

January

януари

February

февруари

March

март

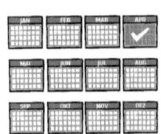

April

април

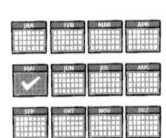

May

май

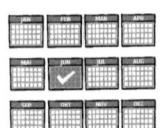

June

юни

July

юли

August

август

September
септември

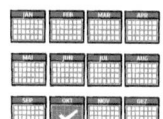

October
октомври

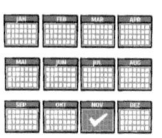

November
ноември

December
декември

shapes
форми

circle
кръг

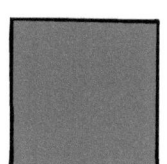

square
квадрат

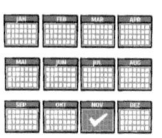

rectangle
четириъгълник

triangle
триъгълник

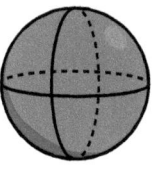

sphere
сфера

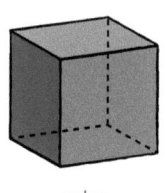

cube
куб

white
бял

yellow
жълт

orange
оранжев

pink
розов

red
червен

purple
лилав

blue
син

green
зелен

brown
кафяв

grey
сив

black
черен

a lot / a little
....
много / малко

angry / calm
....
ядосан / спокоен

beautiful / ugly
....
красив / грозен

beginning / end
....
начало / край

big / small
....
голям / малък

bright / dark
....
светъл / тъмен

brother / sister
....
брат / ссстра

clean / dirty
....
чист / мръсен

complete / incomplete
....
пълен / непълен

day / night
....
ден / нощ

dead / alive
....
мъртъв / жив

wide / narrow
....
широк / тесен

edible / inedible

ядлив / неядлив

evil / kind

сърдит / любезен

excited / bored

развълнуван / скучаещ

fat / thin

дебел / тънък

first / last

най-напред / най-накрая

friend / enemy

приятел / враг

full / empty

пълен / празен

hard / soft

твърд / мек

heavy / light

тежък / лек

hunger / thirst

глад / жажда

ill / healthy

болен / здрав

illegal / legal

нелегален / легален

intelligent / stupid

интелигентен / глупав

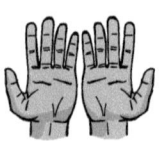

left / right

ляво / дясно

near / far

близо / далече

new / used

нов / употребяван

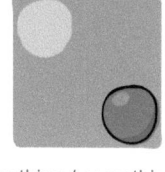

nothing / something

нищо / нещо

old / young

стар / млад

on / off

вкл. / изкл.

open / closed

отворен / затворен

quiet / loud

тих / силен (звук)

rich / poor

богат / беден

right / wrong

правилен / погрешен

rough / smooth

грапав / гладък

sad / happy

тъжен / щастлив

short / long

дълъг / къс

slow / fast

бавен / бърз

wet / dry

мокър / сух

warm / cool

топъл / студен

war / peace

война / мир

opposites - противоположности

0

zero

нула

1

one

едно

2

two

две

3

three

три

4

four

четири

5

five

пет

6

six

шест

7

seven

седем

8

eight

осем

9

nine

девет

10

ten

десет

11

eleven

единадесет

12	**13**	**14**
twelve	thirteen	fourteen
дванадесет	тринадесет	четиринадесет

15	**16**	**17**
fifteen	sixteen	seventeen
петнадесет	шестнадесет	седемнадесет

18	**19**	**20**
eighteen	nineteen	twenty
осемнадесет	деветнадесет	двадесет

100	**1.000**	**1.000.000**
hundred	thousand	million
сто	хиляда	милион

numbers - числа

English
английски

American English
американски английски

Chinese Mandarin
китайски мандарин

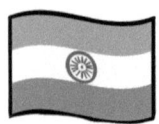

Hindi
хинди

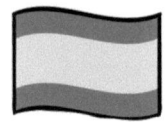

Spanish
испански

French
френски

Arabic
арабски

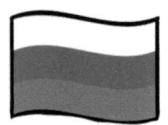

Russian
руски

Portuguese
португалски

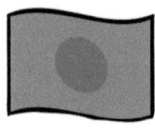

Bengali
бенгалски

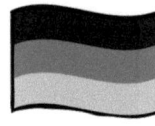

German
немски

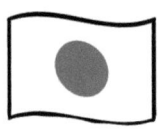

Japanese
японски

I

аз

you

ти

he / she / it

той / тя / то

we

ние

you

вие

they

те

who?

кой?

what?

какво?

how?

как?

where?

къде?

when?

кога?

name

име

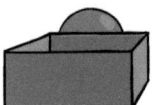

behind

зад

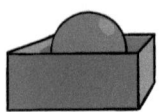

in

в

in front of

пред

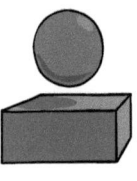

over

над

on

върху

under

под

beside

до

between

между

place

място